ANALISI DEL LIBRO

AF142042

Stupore
e tremori

· · · · · · · · · · · · · · · ·

AMÉLIE NOTHOMB

ANALISI DEL LIBRO

Scritto da Nausicaa Dewez
Tradotto da Sara Rossi

Stupore
e tremori

AMÉLIE NOTHOMB

AMÉLIE NOTHOMB

ROMANZIERE BELGA

- **Nato a Kobe (Giappone) nel 1968**
- **Opere degne di nota:**
  - *L'igiene e l'assassino* (1992), romanzo
  - *Stupore e tremori* (1999), romanzo
  - *Forma di vita* (2010), romanzo

Belga, nata in Giappone nel 1967 da una famiglia di diplomatici, Amélie Nothomb ha trascorso l'infanzia e l'adolescenza tra l'Asia e gli Stati Uniti, secondo gli incarichi del padre.

Si è laureata in Lingue e Letterature Romane all'Università Libera di Bruxelles. Dopo un tentativo fallito di tornare in Giappone, nel 1992 ha pubblicato il suo primo romanzo, *Hygiene and the Assassin*, e ha iniziato una carriera di scrittrice che ha portato a numerosi romanzi pubblicati a intervalli regolari. La Nothomb ritrae se stessa in molti dei suoi romanzi brevi, che spesso raccontano la storia di relazioni travagliate tra una vittima e un aguzzino. Il dialogo è la sua forma di espressione preferita.

Tra gli autori francofoni più letti al giorno d'oggi, Amélie Nothomb beneficia anche di un'eccezionale esposizione mediatica.

STUPORE E TREMORI

AL CROCEVIA TRA AUTOBIOGRAFIA E NARRATIVA

- **Genere:** romanzo
- **Edizione di riferimento:** Nothomb, A. (2002) *Stupore e tremori*. Trans. Hunter, A. St. Martin's Griffin: New York.
- **Prima edizione:** 1999
- **Temi:** lavoro, Giappone, cultura, gerarchia, mondo occidentale, molestie

Pubblicato nel 1999, *Stupore e tremori* è l'ottavo romanzo pubblicato da Amélie Nothomb, per il quale ha ricevuto il Grand Prix du Roman de l'Académie Française.

In questo testo autobiografico, la Nothomb racconta la sua prima esperienza professionale in un'azienda giapponese. Questo libro è stato l'occasione per approfondire i costumi della società giapponese e i rapporti gerarchici sul posto di lavoro, attraverso gli occhi di un'occidentale che cerca disperatamente di conformarsi. Ancora una volta, la Nothomb utilizza il personaggio di Amélie.

SINTESI

UN NUOVO LAVORO

Amélie, una giovane belga, arriva per il suo primo giorno di lavoro alla Yumimoto Company di Tokyo. Incontra i suoi superiori gerarchici: Saito, il direttore del reparto contabilità, Omochi, il vicepresidente, Haneda, il misterioso direttore che si nasconde nel suo ufficio e che alla fine si rivela sorprendentemente affascinante, e infine Fubuki Mori, la sua diretta superiore, la cui bellezza la affascina. La narratrice, ancora ignara della strada verso l'inferno che la attende, cerca di ammazzare il tempo svolgendo i pochi compiti inutili richiesti dal signor Saito, ammirando Fubuki. Poi decide di servire il the ai dipendenti.

Utilizzando le formule rituali della cortesia, il narratore mette a disagio i dipendenti giapponesi, che diffidano di questa occidentale che conosce la loro lingua. Saito le ordina di non capire più il giapponese: chiedendosi come reagire a un tale ordine, riceve la solidarietà di Fubuki. Ancora senza lavoro, inizia a distribuire la posta, immaginando con grande piacere come sarebbe buttarsi dalla finestra dell'azienda, ma ancora una volta deve rinunciare a questo compito: viene accusata di aver rubato il lavoro di qualcun altro. Si proclama allora la sfogliatrice ufficiale del calendario, finché il signor Saito non le ordina di fotocopiare un mucchio di fogli e la costringe a farlo più volte a causa di immaginarie imperfezioni.

UN'INIZIATIVA DALLE CONSEGUENZE NEFASTE

In quel momento incontra il signor Tenshi, responsabile del reparto prodotti caseari. Le propone di aiutarlo in un progetto riguardante un'azienda belga. Essendo originaria di quel Paese, Amélie potrebbe essere particolarmente utile. La giovane donna inizia a lavorare al progetto con grande entusiasmo, con grande soddisfazione del signor Tenshi. Tuttavia, la cosa ha conseguenze terribili: Tenshi e Amélie vengono convocati da Omochi che li rimprovera violentemente per la loro iniziativa. Tenshi racconta a un'esterrefatta Amélie che Fubuki le ha denunciate perché non sopportava l'idea che la carriera di una sua subordinata andasse più veloce della sua. Amélie chiede un incontro con il suo superiore per fare chiarezza sulla situazione: Fubuki afferma di averli effettivamente consegnati e dice che non le piace.

Amélie cerca di dare un senso al comportamento della sua superiore alla luce della condizione della donna giapponese, sottoposta a regole ingiuste e privata della felicità. Fubuki è una donna giapponese irreprensibile, ma è ancora single. Vergognandosi del suo destino, cerca di sedurre qualsiasi uomo accettabile con un patetico rituale di corteggiamento.

Poi chiede ad Amélie di controllare una fattura. Amélie porta a termine questo fastidioso compito, ammirando la bellezza della sua superiore. Ma quando la contabile controlla il suo lavoro, risulta chiaro che ha commesso alcuni errori significativi. Fubuki, furiosa, ritiene che si tratti di una forma di vendetta: Amélie nega l'accusa e chiede un compito che richieda l'uso del cervello. Fubuki la incarica di verificare una nota spese, cosa che Amélie non sa fare. Tuttavia, decide di passare le notti al lavoro per rispettare la scadenza e, una notte, in uno stato di totale esaurimento, si spoglia improvvisamente nel mezzo degli uffici Yumimoto, prima di nascondersi sotto un mucchio di rifiuti, dove i suoi colleghi la trovano la mattina dopo. Avendo fallito nel suo compito, viene incaricata di servire da bere a tutti e, in quell'occasione, incontra il signor Haneda.

Quando il vicepresidente Omochi umilia pubblicamente Fubuki, Amélie, indignata, segue la sua superiore nei bagni per confortarla. Fubuki interpreta questo gesto come un desiderio di umiliarla ancora di più. Per vendicarsi, affida ad Amélie il compito di pulire i bagni. Nel suo nuovo ruolo, si imbatte spesso nei suoi superiori e in particolare in Fubuki, che arriva a guardarla dall'alto in basso. Amélie non si arrende e sceglie di convincersi del fatto che la vendetta del suo superiore è un modo per colpirla; Fubuki le ride in faccia.

Pochi giorni prima della scadenza del contratto, Amélie, che nonostante tutto ha deciso di rimanere fino alla fine per non perdere la faccia, si reca a turno da ciascuno dei suoi superiori per informarli che non vuole rinnovare il contratto con Yumimoto. Così facendo, adotta l'atteggiamento della perfetta impiegata giapponese ed è lieta di vedere che questa finta contrizione manda in estasi Fubuki.

Dopo le vacanze di Capodanno, Amélie si reca in ufficio per l'ultima volta, prima di andarsene con il cuore pesante. Quando inizia la Guerra del Golfo, torna in Europa e pubblica *Hygiene and the Assassin*: in quell'occasione, Fubuki le invia un messaggio di congratulazioni in giapponese, che la rende molto felice.

STUDIO DEL CARATTERE

AMÉLIE, IL NARRATORE

Il narratore non fornisce alcuna informazione sul suo aspetto. I colleghi di Yumimoto la chiamano "Amélie-San"; il suo nome di famiglia, tuttavia, non viene mai menzionato.

Belga nata in Giappone, torna nel suo paese natale da giovane laureata per lavorarci. Inizia a lavorare da Yumimoto, prendendo ordini da tutti e piena di buone intenzioni. Desidera trovare il suo posto nell'azienda, perché questo è essenziale per poter vivere in Giappone.

La sua buona volontà, visibile nelle molte ore di lavoro aggiuntive e nel suo desiderio di fare qualcosa di utile, è ostacolata dalla sua competenza nel campo della contabilità e dalla sua mancanza di conoscenza del modo di pensare giapponese, che le fa commettere molti errori. Sbaglia, tra l'altro, cercando di andare oltre le sue responsabilità lavorando con il signor Tenshi. Per questo, non solo viene rimproverata violentemente dal vicepresidente Omochi, ma diventa anche oggetto dell'odio vendicativo del suo superiore. Da quel momento in poi, Amélie subisce una fulminea caduta sociale all'interno dell'azienda, con Fubuki che cerca di umiliarla ancora di più, al punto da farla lavorare come addetta ai bagni del 44° piano. La narratrice risente di questi ostacoli: ha un momento di quasi pazzia in cui si spoglia al lavoro e si ricopre di rifiuti; piange per l'umiliazione quando lavora nei bagni; fugge dall'ufficio immaginando di essersi gettata dalla finestra. Tuttavia, Amélie è anche orgogliosa e determinata: nonostante il lavoro degradante, rifiuta di dimettersi e decide di rimanere da Yumimoto fino alla scadenza del contratto, come farebbe una vera giapponese.

L'esperienza professionale si scontra con un fallimento: incapace di adattarsi a un'azienda giapponese, la narratrice non chiede il rinnovo del contratto e torna in Europa. Tuttavia, afferma di aver imparato molto. Questo apprendistato è visibile in tre ambiti:

- le usanze giapponesi: usa un atteggiamento umile e appropriato per congedarsi dai suoi datori di lavoro;

- le altre persone: all'inizio Amélie considera Fubuki un angelo e il signor Saito un personaggio malvagio, ma impara a conoscere meglio le persone e a valutarle con lucidità;

- se stessa: la narratrice scopre che il Giappone, il paese a cui credeva di appartenere, non è un luogo dove poter vivere e crescere. Torna a casa in Europa e diventa scrittrice.

SIGNORINA FUBUKI MORI

Fubuki Mori, diretta superiore gerarchica di Amélie, è una delle poche donne con una posizione importante da Yumimoto. La sua incredibile bellezza affascina il narratore fin dal momento del loro incontro, così come il suo nome, che significa "tempesta di neve". Tuttavia, la bellezza e l'apparente gentilezza di Fubuki nascondono una personalità più complessa.

Donna ambiziosa che lavora in una società misogina, paga il prezzo del suo successo professionale. Ancora single a 29 anni, vede la mancanza di un marito come un fallimento, secondo le norme giapponesi. Ha sofferto per anni per arrivare dove è arrivata e deve ancora essere umiliata da Omochi. Fubuki è anche un personaggio orgoglioso che non sopporta l'idea che un suo subordinato sia stato testimone della sua umiliazione o che abbia potuto scalare la scala più velocemente di lei.

Mentre Amélie adora e nutre sentimenti di amicizia verso Fubuki, quest'ultima sente il bisogno di umiliarla. La nomina addetta alla toilette e viene a trovarla ogni giorno per godere della sua degradazione. Tuttavia, una volta che la narratrice ha lasciato l'ufficio, Fubuki si congratula con lei per la pubblicazione del suo primo libro: non vedendo più Amélie come una rivale, torna a nutrire sentimenti amichevoli.

SIGNOR SAITO

È il direttore del reparto contabilità e ha circa cinquant'anni, ha una voce rauca ed è piccolo, magro e brutto. Affida al narratore compiti assurdi, ripetitivi e inutili ed è sempre insoddisfatto dei risultati. Presa dall'aspetto poco gradevole del signor Saito, la narratrice lo crede inizialmente cattivo e stupido. Tuttavia, cambia idea. Infatti, Saito è infastidito dal modo in cui viene trattata e si mostra gentile con lei. Alla fine, la narratrice lo vede come un giapponese tra migliaia di altri, bloccato in un sistema che probabilmente non gli piace, ma che non potrà mai sfidare perché troppo debole e privo di immaginazione.

SIGNOR OMOCHI

Il vicepresidente della Yumimoto, il signor Omochi, è enorme e spaventoso. Spesso descritto come sovrappeso dal narratore, mangia cibo disgustoso e suscita disgusto. Manca di empatia e sembra incapace di comprendere i sentimenti degli altri. Per esempio, dice, senza un briciolo di ironia, che la narratrice deve essere felice di avere un lavoro, quando invece è stata assegnata ai bagni del 44° piano. Nel corso del romanzo, il signor Omochi è definito dai suoi scatti d'ira, durante i quali umilia sadicamente i suoi subordinati. Tra le persone che diventano sue vittime ci sono il signor Saito, il signor Tenshi Amélie e Fubuki. Omochi rappresenta la ferocia e la brutalità dell'autorità arbitraria.

SIGNOR HANEDA

Il presidente della Yumimoto, il signor Haneda, è l'alter ego del signor Omochi: è Dio, mentre il suo vicepresidente è il diavolo. Tuttavia, il presidente è un dio nascosto: è l'unico superiore che la narratrice non ha visto al suo arrivo. Il suo aspetto è sorprendente: ha un corpo snello, un viso eccezionalmente elegante e dà l'impressione di bontà e armonia. La bellezza del signor Haneda è un segno esteriore della sua bontà. È sconvolto quando vede che la giovane donna è stata assegnata ai bagni ed è l'unico a mostrare un po' di empatia quando la ragazza viene a consegnare il suo avviso.

SIGNOR TENSHI

Il nome del signor Tenshi, direttore del dipartimento di prodotti caseari, significa "angelo", il che gli si addice molto. Il suo atteggiamento nei confronti della narratrice è in contrasto con quello degli altri personaggi. Si fida di lei e le affida delle responsabilità, chiedendole di fare una relazione su una cooperativa belga. Inoltre, la tratta con una sensibilità e una premura che nessun altro impiegato superiore usa mai con i subordinati. Inoltre, mostra con discrezione la sua disapprovazione per i metodi del signor Saito ed è all'origine di un boicottaggio dei bagni quando il narratore diventa addetto ai bagni. Il signor Tenshi è un impiegato gentile e comprensivo, ma è anche impotente: i suoi tentativi di collaborare con Amélie si concludono con un rimprovero da parte del Vicepresidente, mentre il suo boicottaggio non riesce ad allontanare Amélie dalla sua posizione.

ANALISI

TRA AUTOBIOGRAFIA E STORIA VOCAZIONALE

Il genere autobiografico è definito da una corrispondenza tra l'autore, il narratore e il protagonista, e dal vero carattere del romanzo: l'autore-narratore si impegna a raccontare le cose esattamente come sono nei suoi ricordi.

Nel caso di *Stupore e tremori*, sappiamo che si tratta di un racconto autobiografico, soprattutto grazie agli elementi extratestuali: fin dalla sua pubblicazione, l'autore ha mantenuto la natura autobiografica del racconto. Gli indizi testuali sono più oscuri. Alcuni sostengono che il romanzo sia un'autobiografia perché:

- il testo è scritto in prima persona e il narratore è il personaggio principale;

- la protagonista si chiama Amélie e, come Amélie Nothomb, è belga, è nata nella provincia giapponese del Kansai, si è laureata in Lingue e letterature romane ed è autrice di *Hygiene and the Assassin*.

Tuttavia, altri elementi testuali sembrano indicare un'opera di finzione:

- il libro porta il sottotitolo "romanzo";

- la narratrice spiega perché ha scelto di chiamare l'azienda in cui lavora Yumimoto, ammettendo così implicitamente che questo nome è un'alterazione dei fatti reali.

Stupore e tremori è anche la storia della vocazione a scrivere del suo autore. Questa vocazione è in realtà descritta come una scelta secondaria. All'inizio del testo, Amélie vuole soprattutto inserirsi nell'azienda Yumimoto per ricongiungersi al paese a cui pensava di appartenere. La sua prima vocazione è vivere in Giappone. La narratrice decide di diventare scrittrice solo quando si accorge della sua incapacità di vivere e lavorare in Giappone. Torna quindi in Europa e pubblica *Hygiene and the Assassin*.

L'INTERTESTUALITÀ NEL TITOLO

Per il lettore europeo, il titolo è un chiaro richiamo a *Timore e tremore (1843)* di Kierkegaard (1813-1855).

Tuttavia, il romanzo fornisce un'altra spiegazione per questo titolo: secondo l'antico galateo imperiale, all'imperatore ci si deve rivolgere con timore e tremore, a causa della sua natura divina. È anche per questo che Amélie, quando annuncia ai suoi superiori la decisione di partire, inizia a tremare. Per questo motivo, la Nothomb sembra aver preso in prestito il titolo del suo romanzo dal galateo giapponese anziché dalla tradizione europea. Tuttavia, nel corso del romanzo, la narratrice sembra non riuscire a venire a patti con questo galateo giapponese, commettendo continuamente errori. Alla fine del romanzo, improvvisamente riesce ad adottare l'atteggiamento corretto e a fare ciò che ci si aspetta da un'impiegata giapponese. In quel momento, finalmente, ce l'ha fatta e si è conformata alla consuetudine. Si tratta più di apparire che di essere: la paura e il tremore sono il risultato di un lavoro di auto-rappresentazione consapevole e ponderato, che viene paragonato alla recitazione degli attori in un film di samurai.

La padronanza di questi codici è un'abilità che Amélie acquisisce molto tardi, al momento della partenza; non permette alla narratrice di integrarsi nel Giappone. Il titolo *Stupore e tremori* parla quindi del fallimento della ricerca di Amélie, che la conduce alla sua vocazione di scrittrice.

UNO SPAZIO CHIUSO

Stupore e tremori si svolge interamente all'interno della sede di Yumimoto: dapprima negli uffici del dipartimento di contabilità, poi nelle toilette del 44° piano. Non viene detto nulla della vita del narratore al di fuori dello studio. La narratrice stessa giustifica questa scelta narrativa adducendo tre ragioni principali:

- il suo lavoro occupa la maggior parte del suo tempo;

- ciò che accade all'esterno è irrilevante;

- dal luogo della sua umiliazione, ovvero i bagni dove lavora come addetta alle toilette, il mondo esterno sembra irreale.

Il romanzo sviluppa un solo tema – il lavoro del narratore in un'azienda giapponese – in un solo spazio, chiuso e sempre più ridotto. Pertanto, la storia si svolge in un universo simile a una prigione e soffocante. Per la narratrice, l'unica via d'uscita è la defenestrazione: nella sua immaginazione si getta regolarmente dalla finestra. Afferma che questa fuga immaginaria le ha salvato la vita.

La vera uscita dall'ufficio avviene solo alla fine: dopo un anno di lavoro, la narratrice chiede che il suo contratto non venga rinnovato. La partenza da Yumimoto segna la fine e il fallimento della sua avventura giapponese, il suo ritorno in Europa e il suo ingresso nel mondo letterario.

L'ALTERITÀ

Entrando in Yumimoto, la narratrice, una belga nata in Giappone, cerca di inserirsi nel suo Paese di nascita. Tuttavia, le sue reazioni all'interno dell'azienda non sono apparentemente mai adeguate e infastidiscono i suoi superiori. Alla ricerca di una spiegazione per il comportamento della loro dipendente, essi danno costantemente la colpa alla sua estraneità, perché disapprovano quella che chiamano "l'inferiorità della mente occidentale": questo handicap spiegherebbe perché Amélie non è in grado di eseguire ordini che qualsiasi altro dipendente giapponese sarebbe in grado di fare. Il culmine di questa situazione si raggiunge probabilmente quando il signor Saito ordina alla narratrice di non capire più il giapponese. Dicendo che non è in grado di obbedire a un tale ordine, si consola pensando che il cervello occidentale è limitato rispetto a quello giapponese. Inoltre, quest'ordine la separa dal gruppo a cui vorrebbe appartenere: anche se vorrebbe diventare giapponese, in un certo senso il suo superiore le mostra che può essere tollerata a Yumimoto solo rimanendo una straniera, una non giapponese. Attraverso il caso specifico della narratrice, nel romanzo viene illustrato uno scontro culturale.

Il rifiuto del popolo giapponese la porta a escludersi dall'azienda, chiedendo che il suo contratto non venga rinnovato. Tuttavia, dopo il fallimento giapponese, alla pubblicazione del suo primo libro, riceve un messaggio di congratulazioni da Fubuki, scritto in giapponese: questo messaggio, che offre un riconoscimento alla narratrice, la riempie di gioia. Ma arriva troppo tardi, quando Amélie ha già lasciato definitivamente il Paese per andare a vivere in Europa.

L'umorismo, onnipresente nel romanzo, è strettamente legato al tema dell'alterità. La narratrice ricorre all'autoderisione, sottolineando sia l'umiliazione della sua posizione presso Yumimoto sia la sua incompetenza rispetto ad alcuni compiti. Questa forma di umorismo agisce come *captatio benevolentiae* nei confronti dei lettori (scatena la loro simpatia e benevolenza). Il narratore utilizza anche l'ironia per descrivere alcune usanze giapponesi. L'affermazione ironica, per definizione, non porta alcun segno di distacco. Può essere percepita come ironica solo dai lettori che condividono lo stesso quadro di riferimento e le stesse convinzioni di chi la fa, cioè i lettori occidentali non giapponesi. Mentre nella storia raccontata Amélie si trova nella posizione dell'altro, dello straniero, l'umorismo della strategia narrativa contribuisce a trasformare i giapponesi in altri, a cui si oppone un "noi" globale, che comprende il narratore e i lettori occidentali.

ULTERIORI LETTURE

ALCUNE DOMANDE SU CUI RIFLETTERE...

- Osservate l'incipit di *Stupore e tremori*. Come introduce gli argomenti e gli sviluppi trattati nel romanzo?

- In questo romanzo, dove i rapporti gerarchici sono fondamentali, ci sono molte scene in cui un protagonista umilia un altro protagonista. Come viene rappresentato il rapporto tra aguzzino e vittima in questo romanzo? Quali personaggi sono coinvolti in questa relazione?

- In *Stupore e tremori* c'è un lungo estratto che protesta contro il destino della donna giapponese. Questo significa che il romanzo può essere considerato un'opera femminista? Giustificate la vostra opinione.

- La narratrice commenta i nomi di alcuni personaggi. Quale legame stabilisce tra i nomi e le persone che li portano?

- Il narratore classifica la maggior parte dei personaggi in categorie in base alla bellezza e alla bruttezza. Come vengono descritti questi personaggi? Quali caratteristiche sono legate all'aspetto? Che ruolo ha l'aspetto nel giudizio del narratore sui personaggi?

- Quando si annoia, la narratrice ama gettarsi dalla finestra con l'immaginazione o ammirare Fubuki. La vista è quindi un senso che viene messo in particolare evidenza nel romanzo. Perché? Che cosa rappresenta questo senso, dal punto di vista simbolico?

- Quale immagine del Giappone e della sua società trasmette il romanzo? È un'immagine inequivocabile?

- L'autrice definisce il Giappone della sua infanzia un luogo mitologico. L'autrice parla della sua infanzia giapponese anche in *Il carattere della pioggia*. In che modo questo libro descrive il Giappone come un luogo mitologico?

- L'adattamento cinematografico di Alain Corneau è molto fedele al testo di Nothomb, con una voce fuori campo che legge interi brani del romanzo. Secondo voi, quali sono i punti di forza e di debolezza di questa scelta?

ULTERIORI LETTURE

EDIZIONE DI RIFERIMENTO

Nothomb, A. (2002) *Stupore e tremori*. Trans. Hunter, A. St. Martin's Griffin: New York.

STUDI DI RIFERIMENTO

Amanieux, L. (2005) *Amélie Nothomb, l'éternelle affamée*. Parigi : Albin Michel.

Amanieux, L. (2009) *Le Récit siamois: identité et personnage dans l'œuvre d'Amélie Nothomb*. Parigi: Albin Michel.

Narjoux, H. (2004) *Nothomb, Stupeur et tremblements*. Parigi: Ellipses.

ADATTAMENTI

Stupore e tremori. (2002) [Film]. Alain Corneau. Francia: Canal+.

Vogliamo sapere da voi!
Lasciate un commento sulla vostra biblioteca online
e condividete i vostri libri preferiti sui social media!

Perché scegliere Must Read?

Scoprite tutto quello che c'è da sapere su un libro, con i nostri riassunti e le nostre analisi concise e approfondite!

Scoprite il meglio della letteratura sotto una luce completamente nuova!

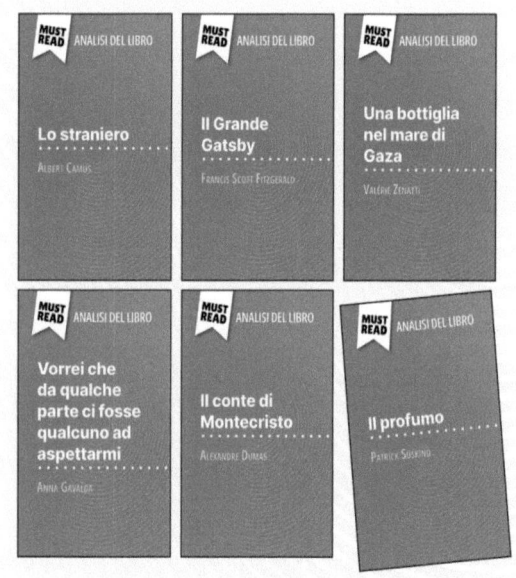

www.50minutes.com

Master ISBN: 9782808689922
ISBN cartaceo: 9782808611329
Deposito legale: D/2023/12603/1412

Copertura: © Primento

Concezione digitale a cura di Primento, il partner digitale degli editori.